Rosa Marti

# A Depressão Mascarada na Clínica Médica Através do HARD

editora
nacional

Capa: *Osvaldo Sanches Sequetin.*
Foto da Capa: *Corel Photo CD.*

ISBN – 85-04-00474-0

*COMPANHIA EDITORA NACIONAL*
Caixa Postal 1784 – CEP 03016-020 – São Paulo – Brasil
Tel.: 0800-175678 – *e-mail*: nacional@uol.com.br

*Aos meus mestres, sem cuja colaboração este trabalho não teria sido realizado.*

*Dr. Miller de Paiva.*

*Dr. Capisano.*

*Aos pacientes, com quem muito aprendi.*

Nós não somos nós mesmos quando a natureza oprimida obriga a mente a sofrer com o corpo.

*Shakespeare*

A tristeza que não se traduz em lágrimas pode fazer outros órgãos sofrer.

*Henry M.*

Psicóloga.

Pós-graduada em Psicologia da Saúde.

Atualmente em curso de formação em Psicossomática no Instituto de Psicossomática de São Paulo.

Vice-presidente da Revista "Saúde para todos" – Editora Nacional.

Diretora científica do Instituto de Psicossomática de São Paulo.

Assessora científica da Associação Brasileira de Medicina Psicossomática – Regional de São Paulo.

# Índice

# Prefácio

*por Prof. Dr. Luiz Miller de Paiva*

A *depressão mascarada* é mais freqüente do que se pensa. A depressão mascarada, na língua alemã, segundo Kielholz, é usualmente conectada com a psicose maníaco-depressiva. A nossa experiência clínica nos revela que a somatização, como as dores generalizadas, podem ser as primeiras manifestações de um estado depressivo; por esse motivo, sugerimos para o diagnóstico dos estados depressivos os testes psicológicos e bioquímicos (dexametasona, fenfluramina, hormônios de crescimento, ácido lático e clonidina) como demonstramos em nosso livro *Psychosomatic Psychiatry* – vol. I.

Este livro de Rosa Marti sobre ***A depressão mascarada na clínica médica através do Hard*** é bem escrito, didático, atualizado e, sobretudo, oportuno, pois sua finalidade, como diz a autora, é chamar a atenção dos clínicos para a freqüência da depressão mascarada.

Escreve Rosa Marti: "[as condutas emitidas pelos médicos também confirmam] a pouca atenção dada à problemática depressiva, uma vez que apenas 5,8% dos casos de depressão mascarada foram encaminhados formalmente para tratamento em saúde mental, contra 76,5% de condutas baseadas em tratamentos clínicos".

Os sintomas somáticos pelos quais a depressão mascarada se apresenta, de fato, parecem dificultar um preciso diagnóstico por parte dos médicos, entretanto, nem mesmo a depressão manifesta, em que estão evidentes os sintomas de alteração do humor, foi bem diagnosticada. Esses dados sugerem que os médicos estão pouco sensíveis aos aspectos psíquicos.

Este livro de Rosa Marti vem de acordo, como já temos dito: os clínicos precisam estar a par do diagnóstico das depressões, pois elas crescem assustadoramente e não só o psiquiatra deve tratá-la, o clínico também.

Neste livro a autora nos mostra resultados interessantes nos casos examinados: 23,5% com dores na coluna, 35,3% com dores de cabeça e nas pernas, 41,2% com astenia, 76,5% com distúrbios do sono, 22,2% com quadros psicóticos, 55,6% devido a luto ou perdas significativas e 91,73% com nervosismo.

O teste utilizado por Rosa Marti é de grande valor para um diagnóstico rápido, que poderia muito bem ser aplicado por um clínico.

A pesquisa da autora mostra que a forma ansiolentificada fora a mais freqüente (47,1%) e que a depressão mascarada se manifesta em 51,62% dentre as depressões discretas, com predominância nas mulheres (78%), na faixa etária superior aos 45 anos (confirmando as nossas observações), e em pessoas com trabalho não-remunerado (57%).

Este livro estaria, portanto, muito bem recomendado para os clínicos em geral, estudantes de Medicina e de Psicologia.

*por Helladio Francisco Capisano*

Este texto sintético, antecedendo obra escrita de Rosa Marti, serve como apresentação, destituída de cerimoniais, de sua autora para regalo do leitor. Ela dispensa lisonjas, sua vida interior é ávida de compreensão, pelas vicissitudes difíceis sentidas no caminho percorrido.

Rosa Marti, bibliotecal e membro destacado do Instituto de Psicossomática de São Paulo, sempre se mostrou muito interessada nas publicações nacionais e estrangeiras sobre o Processo do Homem, como investigadora atilada dos pormenores da vida.

O estilo de exprimir o seu trabalho é sintético e direto, não se perdendo em sinonímias rebuscadas para se aprofundar nos meandros da *depressão mascarada.*

Não denuncia, mas alerta os clínicos da necessidade de vigilância na história do paciente que oculta, na tragédia e na comédia, a depressão, edifício vulcânico das doenças.

É a máscara habitual, ostensivamente mostrando o concreto, o objetivo, o palpável, suposto de multiplicidade de queixas condutoras de interpretações diagnósticas equivocadas, escondendo o mundo subjetivo, o inconsciente, o verdadeiro psíquico, guia de nossa vida.

Toda história clínica revela episódios de vida. O homem vive sob ameaças, procurando meios para preservar sua existência. Os perigos do mundo externo, razoavelmente registrados, contrastam com aqueles do mundo interno, em profundezas, em que se abrigam resíduos neuróticos não percebidos.

O indivíduo, frente às situações frustrantes, não podendo lidar adequadamente com situações conflitivas não-resolvidas, pode convertê-las no soma, transformando-o em depositário de dificuldades.

A história, antes conhecida pela verbalização, agora oculta, mesclada com sintomas, se inscreve no corpo. Tal narrativa, gravada no soma, pode ser lida como *depressão mascarada*.

Esse é o registro de Rosa Marti, neste livro, luz indicadora de vestígios e lacunas onde se esconde a depressão.

# I. Introdução

O aumento dos estados depressivos em pessoas que vivem em comunidades urbanas está ligado não tanto ao tipo clássico de depressão, mas à forma denominada depressão mascarada.

A competição e a agressão são manifestações comuns na vida cotidiana. O homem absorve a tensão, tenta neutralizar seus conflitos, e a depressão acaba encoberta por esse processo dinâmico.

A hipótese de admitir uma derrota é insuportável e muitas vezes inadmissível numa sociedade imagética e consumista, cujos valores narcíseos de completude privilegiam a conquista e a posse, não havendo lugar para faltas ou pequenos fracassos.

Diante do stress constante ou de conflitos não solucionados, ocorre a somatização, que traduz a incapacidade do indivíduo para solucionar seus conflitos ao nível intrapsíquico.

Normalmente, o conflito acarreta angústia e esta pode se cristalizar num estado depressivo. Porém, no intuito de preservar a integridade do ego, mobilizam-se, a nível inconsciente, as defesas disponíveis a fim de que se mantenha o quanto possível a camuflagem de saúde psíquica.

É nesse sentido que tem se tornado importante objeto de reflexão o surgimento de novos matizes das manifestações da enfermidade depressiva, como é o caso da depressão mascarada.

A depressão mascarada, identificada como uma depressão endógena por alguns autores, refere-se a pacientes que, apesar de serem relativamente ajustados no seu ambiente, estão sofrendo de desordens depressivas no humor, usualmente caracterizadas por angústia, juntamente com sintomas somáticos.

Esse tipo de sintomatologia estabelece um ponto de convergência entre o psiquiatra e as demais especialidades clínicas, sendo comum que esses pacientes procurem inicialmente uma ajuda médica visando mais objetivamente o que sentem de concreto, ou seja, a disfunção orgânica[1].

Entretanto, quando chegam ao clínico geral, deixam de mencionar a existência dos sintomas depressivos e acabam recebendo tratamento para uma multiplicidade de queixas, chegando até a sofrer intervenções cirúrgicas ou submetem-se a sucessivos fracassos diagnóstico-terapêuticos.

Quando a síndrome de depressão mascarada é reconhecida e faz-se o encaminhamento psiquiátrico, em geral, a depressão subjacente já se encontra num estádio avançado, podendo até existir risco de suicídio.

Sendo assim, é de importância fundamental por parte dos profissionais médicos o reconhecimento da sintomatologia presente na depressão mascarada para poder diagnosticá-la e propor um tratamento apropriado, evitando-se iatrogenias.

## II. OBJETIVO

A depressão mascarada é um assunto de relevância atual, na medida em que muitos autores observam nos últimos anos um aumento na freqüência dos fenômenos de somatização depressiva.

As mais recentes estatísticas da OMS mostram que cerca de 3 a 5%(1) da população mundial apresenta depressão, sendo que essa freqüência varia de acordo com diversos fatores, entre os quais a classe social, o tipo de vida, de ambiente, etc. Assim, por exemplo, mais de 20% da população de Nova York apresenta sintomas depressivos, enquanto numa população agrícola do Irã esse índice cai para 0,1%(2).

Um levantamento efetuado entre médicos europeus, em 1974, aponta que 10% dos pacientes que procuravam um médico apresentavam depressão e metade destes eram casos de depressão mascarada(2). Essa síndrome é mais comumente vista em mulheres de meia-idade, nas classes sociais mais altas(3).

Sendo uma tendência recente, nem sempre os médicos estão preparados para estabelecer o diagnóstico dessa patologia – ou porque ignoram sua freqüência e a variedade de seus sintomas somáticos, ou porque a ênfase dada à enfermidade orgânica faz com que passem despercebidas as possíveis causas psicológicas.

Nesse sentido, o objetivo deste trabalho é o de fazer uma pequena radiografia dessa realidade num equipamento de saúde pública.

Será verificada a incidência da depressão mascarada em pacientes que procuram a clínica geral, analisados em função do diagnóstico e conduta emitidos pelos médicos, bem como será apresentada uma análise descritiva dos dados encontrados.

## 1. O Conceito e os Critérios Diagnósticos

A depressão manifesta é hoje um fenômeno fácil de ser reconhecido, mas, como foi descrito anteriormente, a experiência clínica vem demonstrando que, ao lado desse núcleo fundamental de depressão, existem outros fenômenos em que os sintomas típicos não aparecem e se manifestam por meio de equivalentes sintomáticos.

O termo *equivalente depressivo* (ou "depressão sem depressão") se refere aos casos em que o estado depressivo é disfarçado exclusivamente pelos sintomas funcionais, sem a presença dos sintomas depressivos clássicos. Já a depressão mascarada seria caracterizada pela existência dos sintomas somáticos num primeiro plano, desviando a atenção dos sintomas depressivos clássicos existentes num segundo plano (distúrbios do humor).

Alguns autores enfatizam as diferenças entre esses dois conceitos, porém as publicações mais recentes têm incluído na definição da depressão mascarada o conceito de equivalentes depressivos[(3)].

Em termos genéricos, os mais freqüentes sintomas da depressão mascarada ou equivalentes depressivos são:

- dores e parestesias
- vertigem timopática ou agorafóbica
- distúrbios psicossomáticos
- anorexia e histeria

A sintomatologia, por outro lado, expressa mais freqüentemente através de manifestações somáticas, aproxima a depressão mascarada da hipocondria e síndromes psicossomáticas, cuja delimitação precisa se mostra como um problema não-resolvido.

Os pacientes geralmente se referem a queixas difusas. Lopez Ibor[(2)] propôs cinco critérios diferenciais que associados aos sintomas somáticos permitem um diagnóstico exato:

***1. A presença de sintomas depressivos minimais.***
*(falta de concentração, perda de interesses, alterações de vínculos com o entorno, pessimismo sem motivo, cancerofobia, etc.)*

Apesar de não terem a clareza dos sintomas depressivos clássicos, sugerem uma crise de humor.

***2. A personalidade subjacente do paciente.***

Não há um modelo único de personalidade, mas algumas se mostram mais propensas a essa patologia, como obsessivos ativos, hipocondríacos, personalidades ciclotímicas e psicossomáticas ou com traços histéricos.

***3. O histórico e a evolução da doença.***

A periodicidade dos distúrbios recorrentes a intervalos mais ou menos regulares ou a alternância entre sintomas funcionais e sintomas depressivos é outro indicador importante.

### *4. Histórico familiar e fatores hereditários.*

Existem alguns estudos que apontam para uma predisposição genética nas depressões.

### *5. Resposta positiva aos antidepressivos.*

Nos limitaremos, portanto, no presente trabalho, a utilizar o conceito de depressão mascarada como sendo aqueles *casos em que se observam em primeiro plano diferentes sintomas somáticos, encobrindo os sintomas depressivos clássicos que podem estar ou não presentes num segundo plano.*

Trabalharemos apenas com *três dos critérios diagnósticos* sugeridos por Lopez Ibor (sintomas minimais, periodicidade/alternância dos sintomas e fatores hereditários), além de lançar mão de outros fatores predisponentes à depressão em geral, levantados na literatura enquanto elementos diagnósticos auxiliares na estruturação da pesquisa.

A investigação da personalidade subjacente do paciente e a resposta a antidepressivos (itens 2 e 5, respectivamente) extrapolariam os limites deste trabalho, portanto não foram utilizados como critérios diagnósticos.

## III. Metodologia

Os dados foram obtidos a partir de entrevistas com 100 pacientes da clínica geral de um equipamento de saúde pública à espera da consulta médica. Utilizou-se como instrumento de pesquisa o diagrama HARD e um roteiro de avaliação complementar. As entrevistas, por sua vez, foram aplicadas por um profissional da área de saúde mental. O tempo médio de duração de cada entrevista foi de 30 minutos.

## 1. DIAGRAMA HARD

O diagrama HARD (anexo 1) é um instrumento de avaliação qualitativa e quantitativa dos estados depressivos, constituídos por 12 itens, que fornecem uma representação espacial da depressão.

Além de facilitar o diagnóstico, ele avalia a intensidade da depressão, a sua forma, o risco de suicídio e a melhor terapêutica a ser adotada.

A visualização gráfica da depressão se dá através de quatro pólos; cada pólo constituído por três itens; cada um dos três itens é avaliado em 6 graus de intensidade:

| SIGLA | PÓLOS | ITENS |
|---|---|---|
| H | Humor | tristeza, desinteresse e apetite |
| A | Angústia | ansiedade psíquica, ansiedade somática e sono |
| R | Lentificação | fadiga, concentração e atitude |
| D | Perigo | desvalorização, idéias suicidas e pensamentos delirantes |

Após ter sido avaliado por uma única nota cada item, transfere-se o total de cada pólo HARD sobre a diagonal correspondente da matriz do diagrama a partir do centro.

Os quatro pontos HARD assim obtidos constroem o diagrama que visualiza a depressão do paciente.

A soma total dos pontos HARD aponta a intensidade da depressão, classificada em discreta, média e severa. O limite inicial para inclusão nos estados depressivos é de 18:

- 18 a 34 – depressões discretas
- 35 a 49 – depressões médias
- 50 a 72 – depressões severas

A partir da visualização gráfica do HARD, podem-se classificar as depressões de acordo com a forma apresentada, ou seja, conforme a predominância dos diferentes pólos:

# DEPRESSÃO MELANCOLIFORME

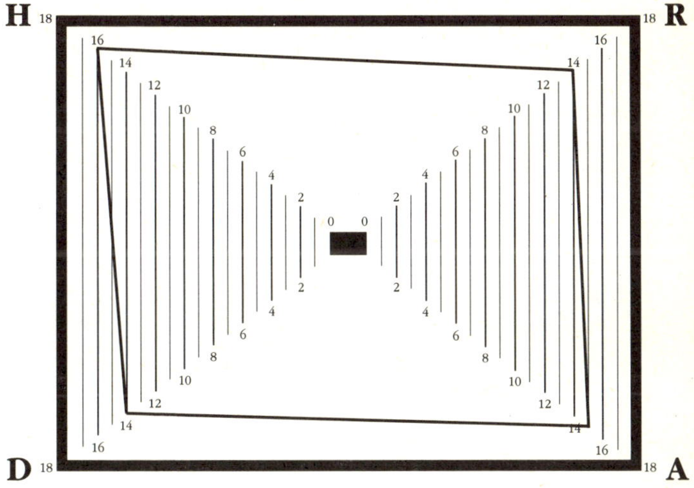

## DEPRESSÃO ANSIODEPRESSIVA

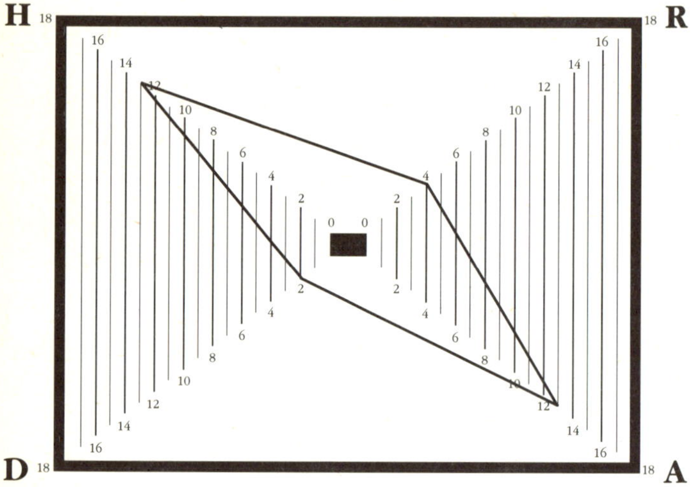

# DEPRESSÃO ANSIOLENTIFICADA

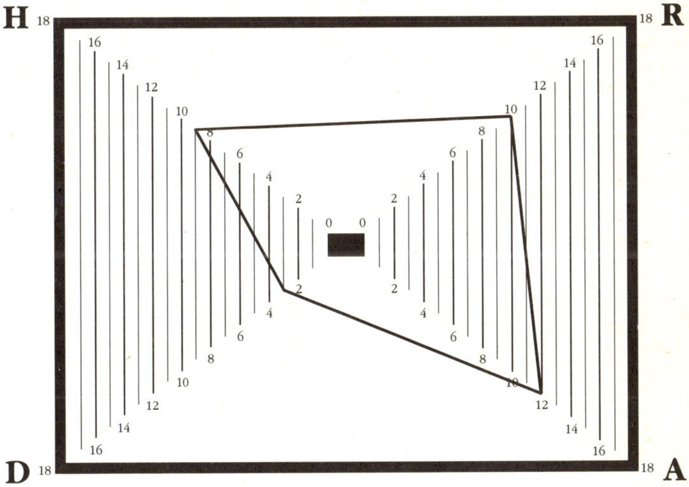

## DEPRESSÃO DEPRESSOINIBIDA

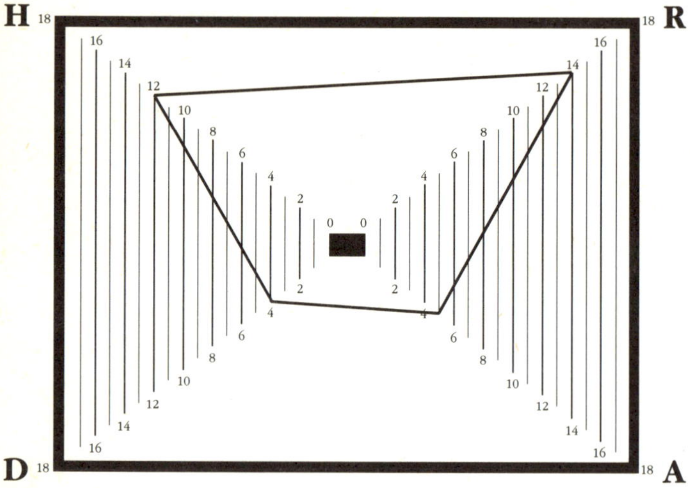

# Formas do diagrama HARD:

## FORMA ANSIOIMPULSIVA

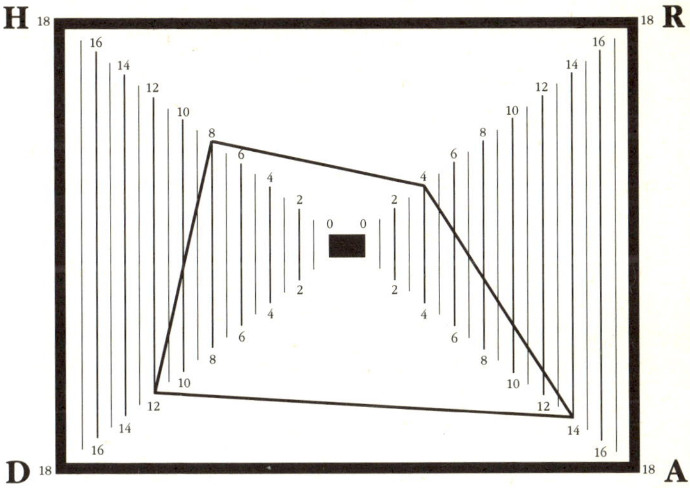

## FORMA ASTÊNICA

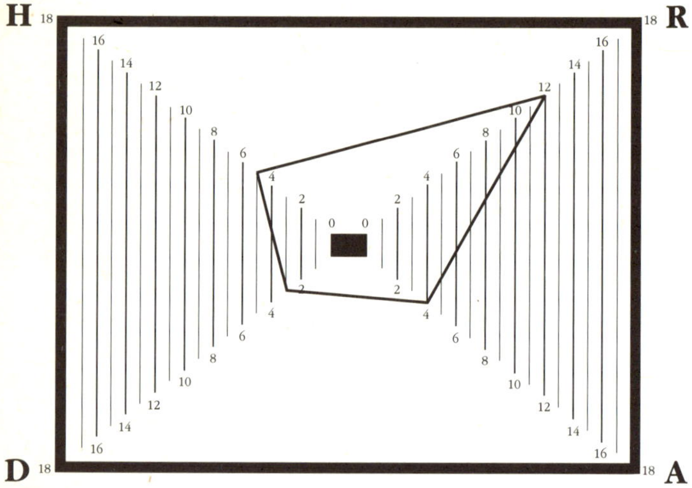

## FORMA ANSIOSSOMÁTICA

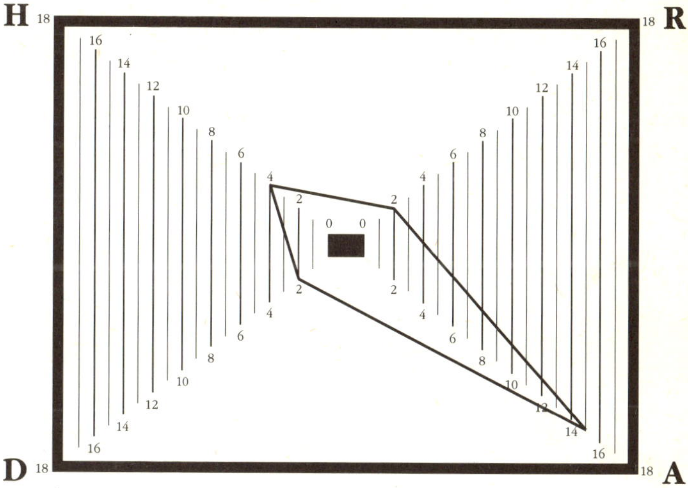


As formas ansiolentificadas e ansiossomáticas são as mais características da depressão mascarada.

## 2. O Instrumento de Coleta

O HARD é um instrumento de aplicação dentro do contexto da consulta médica. Para a utilização do HARD fora da consulta, foi elaborado um instrumento de coleta (anexo 2) contendo um roteiro de perguntas de apoio, no sentido de estabelecer um *report* mínimo que permitisse a obtenção das informações para o preenchimento dos seus 12 itens.

Algumas variáveis do HARD foram destacadas para a averiguação da presença de sintomas minimais. Além disso, foram incluídas questões na pesquisa referentes a outros fatores predisponentes à depressão (fatores hereditários, perdas significativas, cirurgia de difícil recuperação, luto pesaroso, redes sociais e de comunicação deficientes, problemas mentais, mudanças drásticas na vida, menopausa e aposentadoria).

Complementando o objetivo da pesquisa foi também incluído no instrumento de coleta o levantamento do perfil socioeconômico dos entrevistados, bem como os diagnósticos e condutas emitidos pelos médicos.

## 3. Critérios de Avaliação

O critério de classificação dos casos em depressão manifesta ou mascarada baseou-se, portanto, nos elementos objetivos descritos abaixo, bem como nas demais informações subjetivas obtidas nas entrevistas:

- a intensidade da depressão (escore total HARD)
- a forma da depressão (diagrama HARD)
- a presença dos critérios diagnósticos diferenciais propostos por Lopez Ibor
- a presença dos demais fatores predisponentes à depressão

# IV. Resultados e Análises dos Dados

## 1. Perfil da Amostra

O perfil socioeconômico da amostra está determinado em função das características da Unidade Básica de Saúde onde foi realizada a coleta dos dados.

Trata-se de um equipamento público de atenção primária à saúde, localizado na região sudeste do município de São Paulo, procurado em grande parte pela população de baixa renda, principalmente do sexo feminino.

A amostra é constituída de 100 casos selecionados de forma aleatória entre os usuários adultos (acima de 12 anos) presentes no posto, à espera de atendimento clínico geral.

A coleta foi realizada no período de março a abril de 1994.

## 2. Perfil Socioeconômico

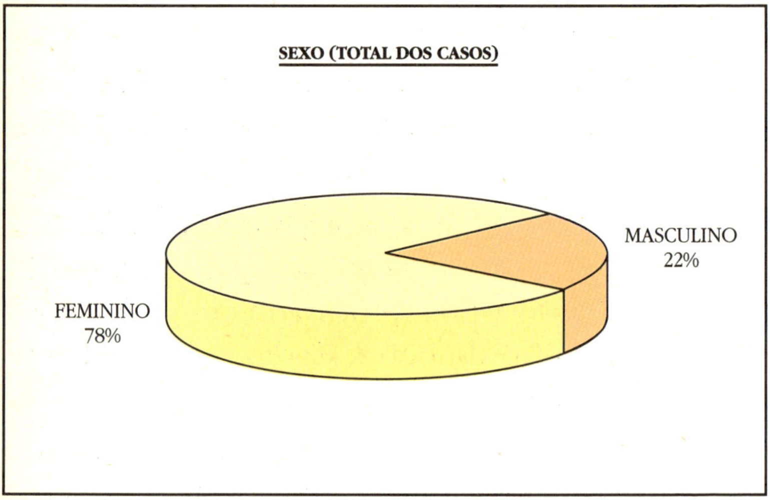

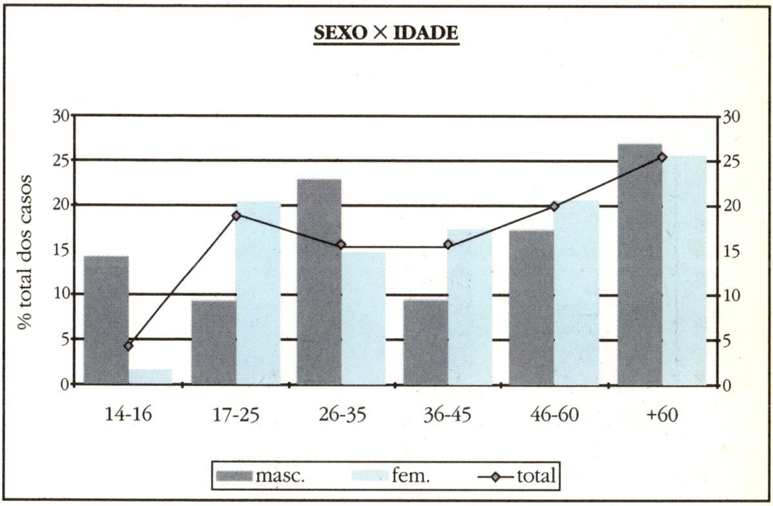
SEXO × IDADE
% total dos casos
0
5
10
15
20
25
30
14-16
17-25
26-35
36-45
46-60
+60
masc.
fem.
total

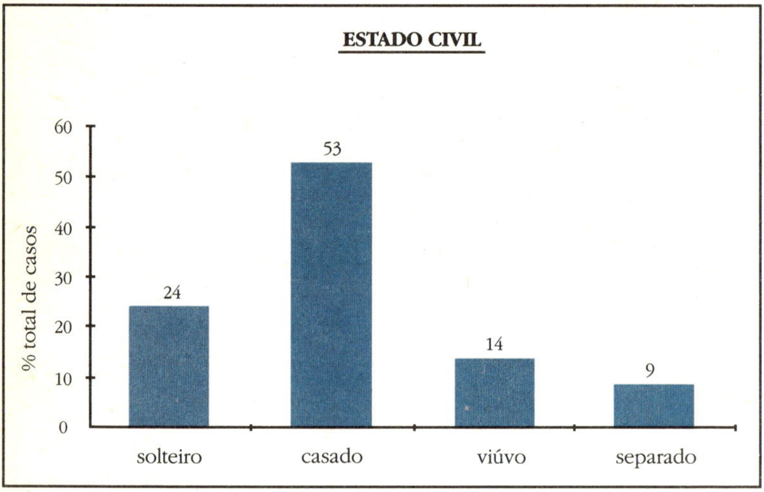
ESTADO CIVIL
% total de casos
60
50
40
30
20
10
0
53
24
14
9
solteiro
casado
viúvo
separado

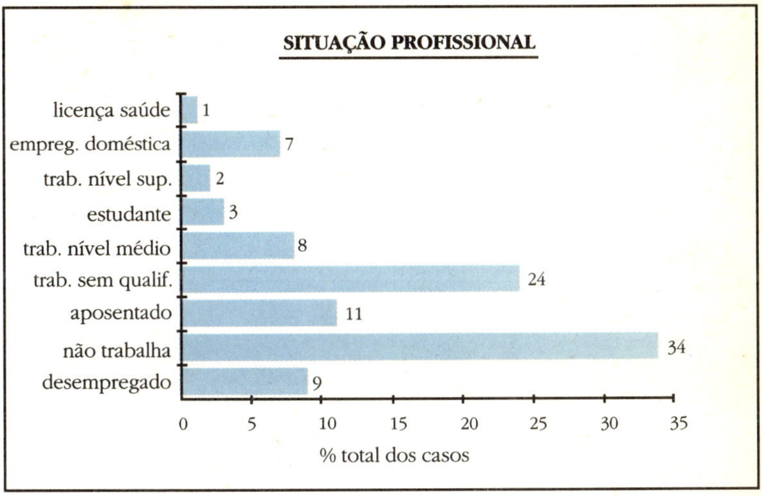
SITUAÇÃO PROFISSIONAL
licença saúde
empreg. doméstica
trab. nível sup.
estudante
trab. nível médio
trab. sem qualif.
aposentado
não trabalha
desempregado
1
7
2
3
8
24
11
34
9
0
5
10
15
20
25
30
35
% total dos casos

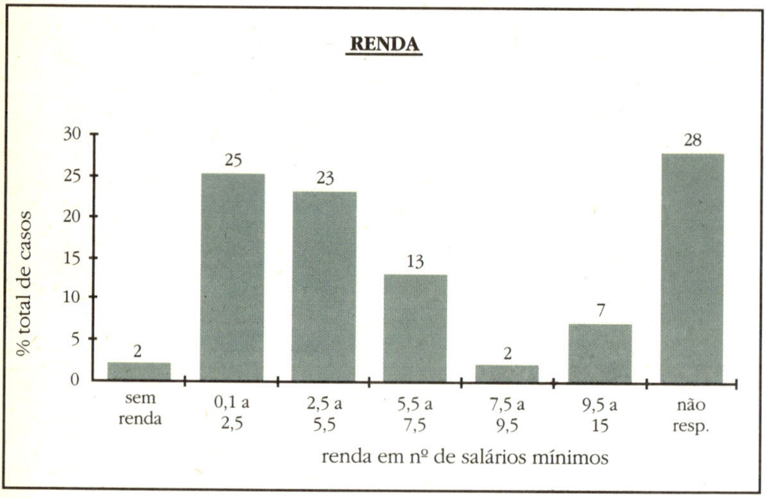
RENDA
% total de casos
30
25
20
15
10
5
0
2
25
23
13
2
7
28
sem renda
0,1 a 2,5
2,5 a 5,5
5,5 a 7,5
7,5 a 9,5
9,5 a 15
não resp.
renda em nº de salários mínimos

Observa-se a predominância das mulheres na amostra (78% dos casos). Verificamos também existir uma maior porcentagem nas faixas etárias superiores a 45 anos (46% do total da amostra). Essa incidência se dá tanto entre os homens como entre as mulheres.

Do total dos entrevistados 53% eram casados.

Em parte decorrência da predominância feminina, observamos que 57% não possuem trabalho remunerado, constituídos principalmente por donas de casa, além de aposentados, desempregados e estudantes.

Por sua vez, 24% trabalham em atividades sem qualificação, 7% são empregadas domésticas e 8% exercem trabalho de nível médio. O nível de renda observado é baixo, sendo que 50% possuem renda igual ou inferior a 5,5 salários mínimos.

Essa amostra corresponde ao perfil esperado de usuários desse tipo de equipamento de saúde, devendo portanto ser analisada nessa qualidade, enquanto subpopulação e não como representativo da população em geral.

Não será possível, portanto, fazer inferências sobre a incidência da depressão mascarada correlacionada às variáveis socioeconômicas, pois alguns extratos sociais (faixa de idade, nível socioeconômico, ocupação, etc.) não estão representados na amostra ou possuem um número reduzido de casos.

## 3. A DEPRESSÃO

### 3.1. INTENSIDADE DA DEPRESSÃO (HARD)

Os resultados obtidos a partir do HARD apontam a ocorrência de 35 casos de depressão, sendo 31 depressões discretas (escores de 18 a 34) e 4 depressões médias (escores de 35 a 49).

Os demais 65 casos apresentaram escores inferiores a 18. (Veja gráfico.)

Essa é uma alta incidência, se comparada aos dados estatísticos anteriormente citados. É possível entender essa variação ao observar os fatores socioeconômicos mais estressantes, aos quais a população estudada encontra-se submetida, como viver num ambiente urbano altamente competitivo, violento e desigual, além de pertencer a um extrato social baixo – provavelmente mais sensível ao período econômico recessivo no qual foi realizada a pesquisa.

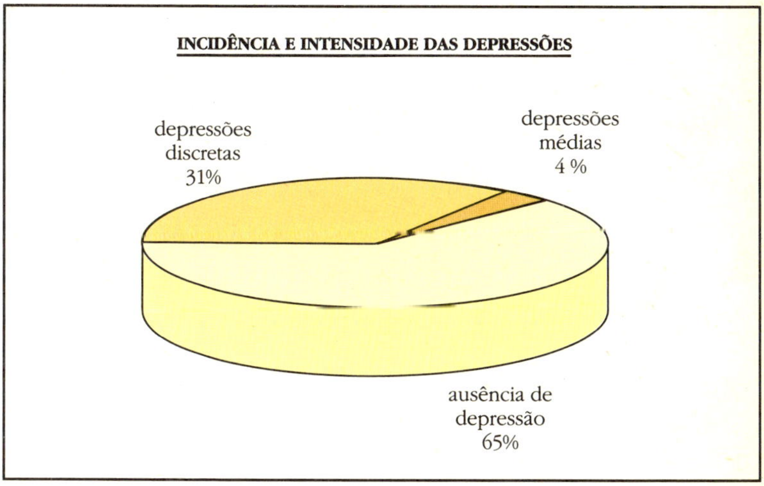
INCIDÊNCIA E INTENSIDADE DAS DEPRESSÕES
depressões discretas 31%
depressões médias 4 %
ausência de depressão 65%

## 3.2. Tipos de Depressão – Mascarada × Manifesta

De acordo com os critérios de enquadramento da depressão mascarada, descritos no capítulo II, foram encontrados 17 casos de depressão mascarada e 19 casos de depressão manifesta. Um único caso constitui-se uma exceção: apesar de possuir escore 17, foi enquadrado na categoria depressão mascarada em função dos demais itens de avaliação.

## 3.3. Tipo de Depressão × Intensidade

Verifica-se um equilíbrio na incidência de depressão mascarada e manifesta dentre as depressões discretas: 51,62% e 48,38%, respectivamente. Já nos casos das depressões médias, evidentemente são todos casos de depressão manifesta.

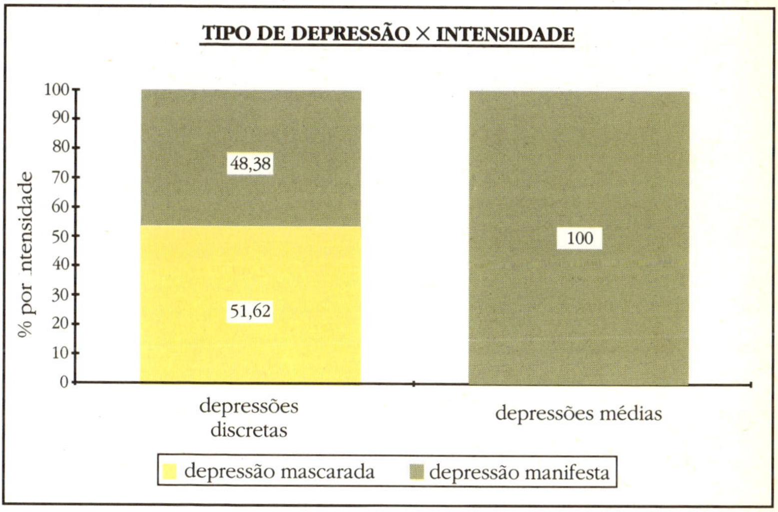
TIPO DE DEPRESSÃO × INTENSIDADE
% por intensidade
100
90
80
70
60
50
40
30
20
10
0
48,38
51,62
100
depressões discretas
depressões médias
depressão mascarada
depressão manifesta

### 3.4. Forma HARD × Tipo de Depressão

A forma **ansiolentificada** é a mais freqüente tanto nas depressões mascaradas como nas manifestas: 47,1% e 42,0%, respectivamente.

A forma **ansiossomática**, característica das depressões mascaradas, tem uma incidência de 35,3%. Não foi observado nenhum caso de depressão manifesta com essa forma.

Nas depressões manifestas, outras duas formas de maior freqüência foram: **ansiodepressiva** e **ansioimpulsiva**, ambas com 21%.

A predominância das formas **ansiolentificada** e **ansiossomática** nos casos de depressão mascarada vem comprovar as características dessa patologia referida na literatura, ou seja, a existência de sintomas somáticos: nervosismo, cansaço, lentificação, etc., num primeiro plano, em detrimento dos distúrbios do humor.

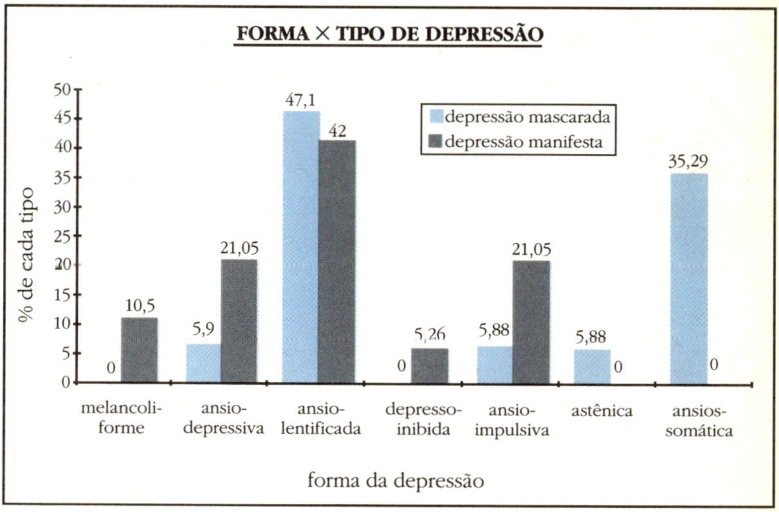
FORMA × TIPO DE DEPRESSÃO
% de cada tipo
50
45
40
35
30
25
20
15
10
5
0
depressão mascarada
depressão manifesta
0
10,5
5,9
21,05
47,1
42
0
5,26
5,88
21,05
5,88
0
35,29
0
melancoli-forme
ansio-depressiva
ansio-lentificada
depresso-inibida
ansio-impulsiva
astênica
ansios-somática
forma da depressão

### 3.5. SINTOMAS MINIMAIS

De acordo com os critérios de enquadramento, foi avaliada a presença de seis sintomas minimais nos casos de depressão estudados, observando-se as seguintes incidências:

- falta de concentração 52,8%
- nervosismo 91,73%
- perda de interesses 63,7%
- alterações de vínculos externos 47,2%
- pessimismo sem motivo 69,4%
- cancerofobia (medo de doenças fatais) 19,4%

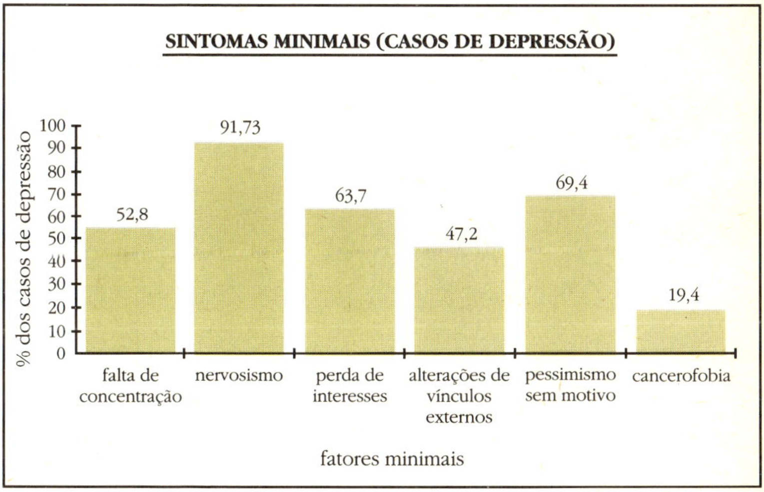
SINTOMAS MINIMAIS (CASOS DE DEPRESSÃO)
% dos casos de depressão
100
90
80
70
60
50
40
30
20
10
0
52,8
91,73
63,7
47,2
69,4
19,4
falta de concentração
nervosismo
perda de interesses
alterações de vínculos externos
pessimismo sem motivo
cancerofobia
fatores minimais

## 3.6. NÚMERO DE SINTOMAS MINIMAIS

Observando-se o número de sintomas minimais presentes (dos seis sintomas estudados) nos casos de depressões mascaradas e manifestas, pode-se verificar que a média de sintomas é mais elevada nas depressões manifestas, ou seja, existe uma tendência à presença de diversos sintomas minimais ao mesmo tempo.

A maior parte das depressões mascaradas apresenta até três sintomas (76,5%), indicando o início discreto da patologia, enquanto 57,9% das depressões manifestas apresentam quatro ou mais sintomas.

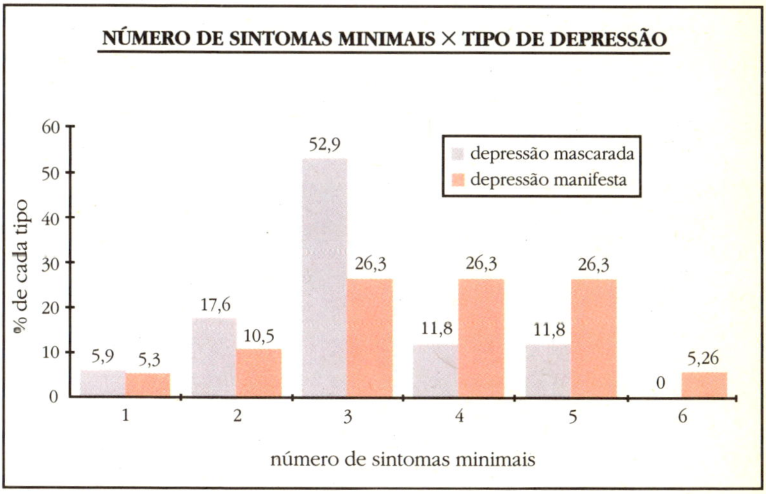
NÚMERO DE SINTOMAS MINIMAIS × TIPO DE DEPRESSÃO
% de cada tipo
60
50
40
30
20
10
0
depressão mascarada
depressão manifesta
5,9
5,3
17,6
10,5
52,9
26,3
11,8
26,3
11,8
26,3
0
5,26
1
2
3
4
5
6
número de sintomas minimais

## 3.7. SINTOMAS MINIMAIS × TIPO DE DEPRESSÃO

Pode-se verificar que os sintomas **falta de concentração**, **nervosismo** e **cancerofobia** possuem uma pequena tendência a estar mais presentes nos casos de depressões mascaradas.

Destacam-se, por outro lado, as **alterações de vínculos externos**, a **perda de interesses** e o **pessimismo sem motivos** como sintomas mais característicos das depressões manifestas, com incidências significativamente mais elevadas do que nas depressões mascaradas.

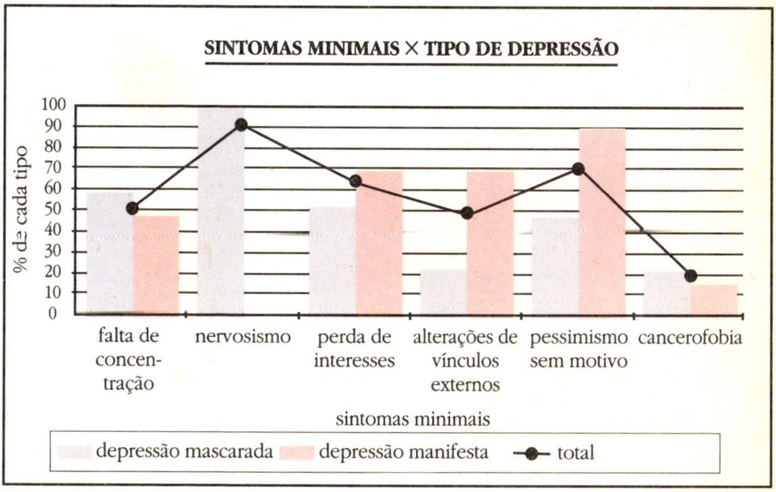
SINTOMAS MINIMAIS × TIPO DE DEPRESSÃO
100
90
80
70
60
50
40
30
20
10
0
% de cada tipo
falta de concen-tração
nervosismo
perda de interesses
alterações de vínculos externos
pessimismo sem motivo
cancerofobia
sintomas minimais
depressão mascarada
depressão manifesta
total

### 3.8. Periodicidade / Alternância dos Sintomas × Tipo de Depressão

A periodicidade dos sintomas, ou seja, a recorrência dos distúrbios funcionais a intervalos mais ou menos regulares, ou a alternância desses com sintomas depressivos, como era de esperar, teve maior freqüência nos casos de depressão mascarada: 58,8% contra 26,3% nas depressões manifestas.

**PERIODICIDADE / ALTERNÂNCIA DOS SINTOMAS**

**×**

**TIPO DE DEPRESSÃO**

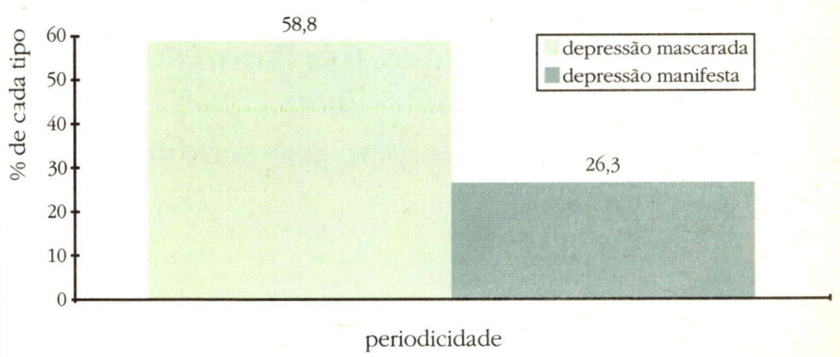

## 3.9. FATORES PREDISPONENTES

Além dos sintomas minimais, foi avaliada a presença de mais oito fatores predisponentes à depressão, cuja incidência segue-se abaixo:

- fatores hereditários 41,7%
- luto ou perdas significativas 55,6%
- redes sociais e de comunicações deficientes 27,8%
- cirurgias de difícil recuperação 16,7%
- problemas mentais 44,4%
- mudanças drásticas na vida 16,7%
- menopausa 5,6%
- aposentadoria 19,4%

A presença de **fatores hereditários** (41,7%), de **luto ou perdas significativas** na vida dos entrevistados (55,6%) e de **problemas mentais** atuais ou antecedentes (44,4%) foram os três fatores de maior freqüência e demonstram, portanto, serem elementos de grande importância para o entendimento dos casos de depressão.

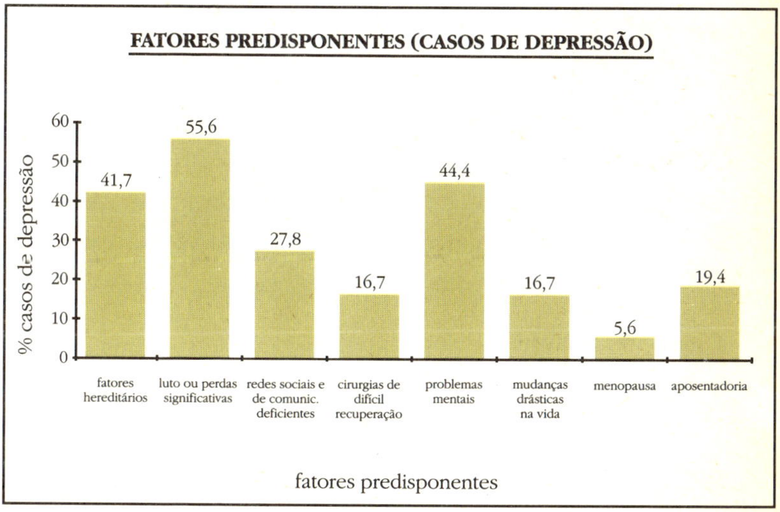
FATORES PREDISPONENTES (CASOS DE DEPRESSÃO)
% casos de depressão
60
50
40
30
20
10
0
41,7
55,6
27,8
16,7
44,4
16,7
5,6
19,4
fatores hereditários
luto ou perdas significativas
redes sociais e de comunic. deficientes
cirurgias de difícil recuperação
problemas mentais
mudanças drásticas na vida
menopausa
aposentadoria
fatores predisponentes

## 3.10. Fatores Predisponentes × Tipo de Depressão

Alguns fatores predisponentes apresentaram uma freqüência semelhante nos dois tipos de depressão, quais sejam: **fatores hereditários**, **luto ou perdas significativas**, **cirurgias de recuperação difícil**, **menopausa** e **aposentadoria**.

Já os seguintes fatores predisponentes tiveram uma incidência mais acentuada nos casos de depressão manifesta do que nos de depressão mascarada: **redes sociais e de comunicação deficientes** (42,1% – manifesta, contra 11,8% – mascarada), a existência de **problemas mentais** presentes ou passados (57,9% – manifesta, contra 29,4% – mascarada) e a ocorrência de **mudanças drásticas na vida** (31,6% – manifesta, contra 0% – mascarada).

Os dados sugerem que esses possam ser fatores predisponentes de maior impacto no equilíbrio psíquico do indivíduo, na medida em que as depressões manifestas têm um grau de patologia mais grave do que as depressões mascaradas.

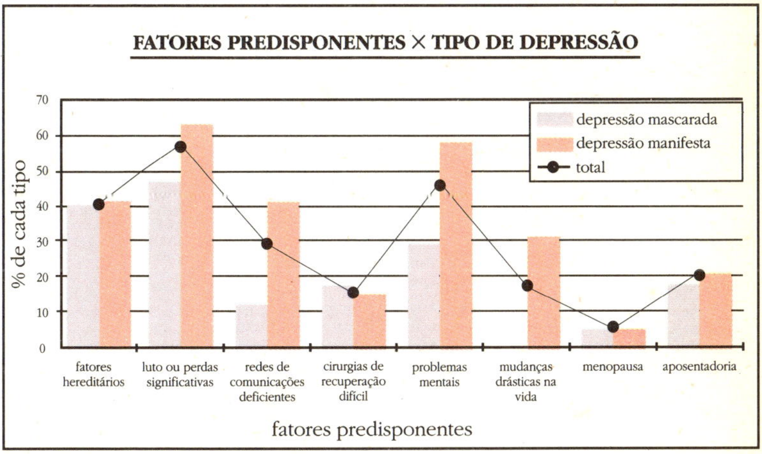
FATORES PREDISPONENTES × TIPO DE DEPRESSÃO
% de cada tipo
70
60
50
40
30
20
10
0
depressão mascarada
depressão manifesta
total
fatores hereditários
luto ou perdas significativas
redes de comunicações deficientes
cirurgias de recuperação difícil
problemas mentais
mudanças drásticas na vida
menopausa
aposentadoria
fatores predisponentes

## 3.11. Problemas Mentais

Dentre os casos de depressão foram encontradas, a partir das entrevistas, a associação ou antecedência de diferentes problemas mentais nas seguintes freqüências:

- quadros depressivos 8,3%
- alcoolismo 5,5%
- quadros psicóticos 22,2%
- quadros neuróticos 16,7%
- transtornos do SNC 5,5%
- deficiência mental 2,8%

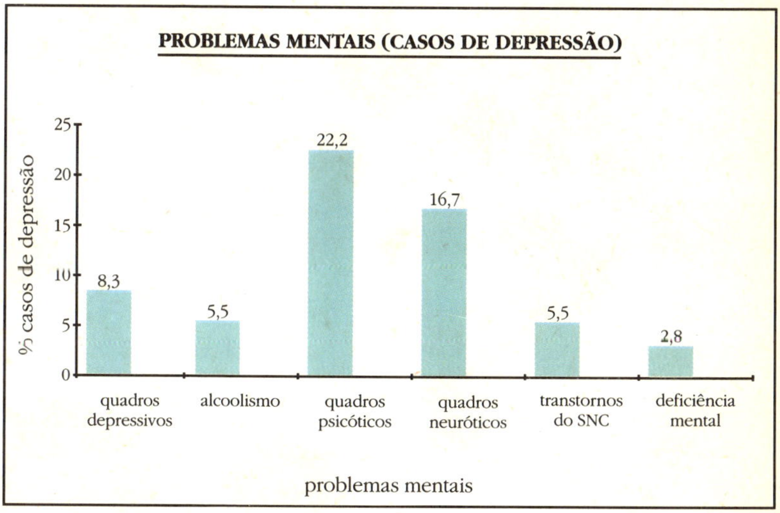
PROBLEMAS MENTAIS (CASOS DE DEPRESSÃO)
% casos de depressão
25
20
15
10
5
0
8,3
5,5
22,2
16,7
5,5
2,8
quadros depressivos
alcoolismo
quadros psicóticos
quadros neuróticos
transtornos do SNC
deficiência mental
problemas mentais

## 3.12. Problemas Mentais × Tipo de Depressão

Uma análise comparativa dos problemas mentais (presentes ou passados) na depressão e na depressão mascarada mostrou que os quadros psicóticos apareceram mais freqüentemente associados às depressões manifestas (36,8%, contra 5,9% nas depressões mascaradas), enquanto os quadros neuróticos estavam mais associados às depressões mascaradas (23,5%, contra 10,5% nas depressões manifestas).

Não foi encontrado nenhum caso de depressão mascarada com antecedentes de problemas mentais depressivos (0%, contra 15,8% nas depressões).

Esses dados poderiam colocar em discussão a etiopatogenia da depressão mascarada e os seus limites nosográficos, confundindo-se esta com a histeria ou caracterizando-a como uma depressão neurótica – portanto de causa psicogênica e não endógena como é referida usualmente na literatura.

Por outro lado, a presença de conflitos neuróticos nesses casos poderia estar operando apenas como um elemento desencadeador dessa depressão endógena.

Porém, não é correto fazer qualquer uma dessas inferências diante do reduzido número de casos, pois trata-se da análise de um subitem dos fatores predisponentes, sujeita, portanto, a uma grande variação.

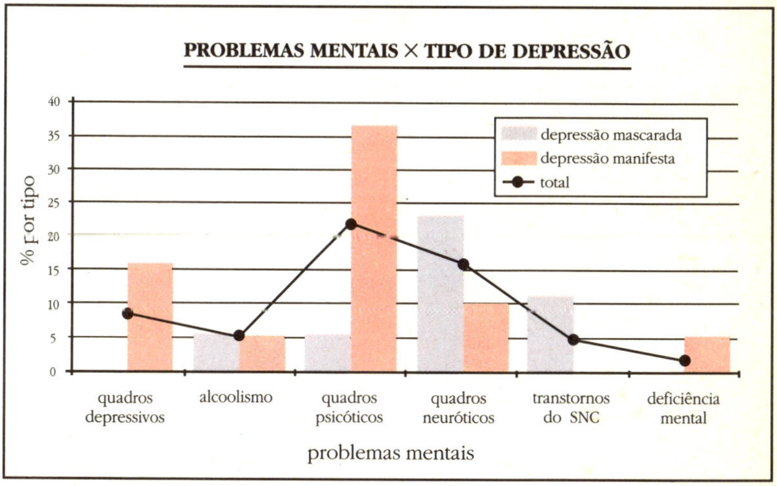
PROBLEMAS MENTAIS × TIPO DE DEPRESSÃO
% por tipo
40
35
30
25
20
15
10
5
0
depressão mascarada
depressão manifesta
total
quadros depressivos
alcoolismo
quadros psicóticos
quadros neuróticos
transtornos do SNC
deficiência mental
problemas mentais

## 3.13. TRATAMENTO PSICOLÓGICO × TIPO DE DEPRESSÃO

Observa-se que a presença de algum tipo de tratamento em saúde mental paralelo à consulta médica é pouco significativa em ambas situações. Contudo, é maior nos casos de depressão manifesta (36,8%) do que nos casos de depressão mascarada, o que reforça a idéia de desconhecimento da problemática depressiva nesses casos, pelos entrevistados.

**PACIENTES EM TRATAMENTO PSIC. × TIPO DE DEPRESSÃO**

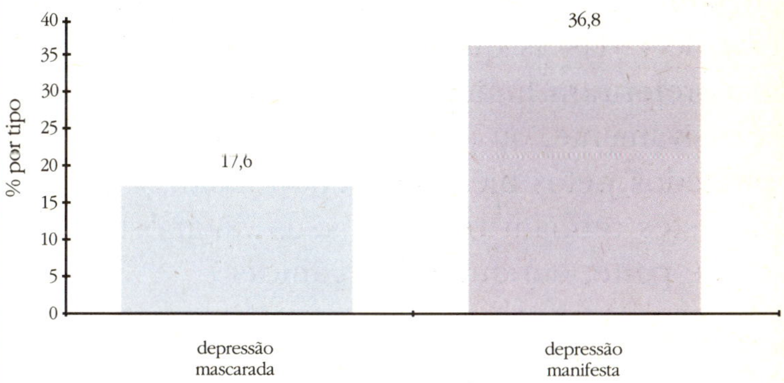

## 3.14. QUEIXAS

Nos casos de depressão mascarada, as queixas relatadas nas entrevistas foram enquadradas segundo a CIAP (Classificação Internacional de Assistência Primária). Os pacientes apresentaram em geral diversas queixas, com uma média de sete queixas por indivíduo, a maior parte delas características de casos de depressão mascarada.

O **distúrbio do sono**, destacado sintoma depressivo, foi a queixa mais freqüente, citada por 76,5% dos pacientes. Outras queixas, como **fraqueza geral**, **perda de apetite**, **dores nas pernas e na cabeça** e **nervosismo** também são queixas citadas por uma boa parcela dos casos de depressão mascarada.

É importante comentar que alguns entrevistados chegaram a declarar espontaneamente não terem relatado todas as queixas na consulta médica porque preferiram limitar-se à problemática somática exclusivamente, ou porque não foram mais bem investigados pelos médicos. Sendo assim, é provável que estes tenham baseado seus diagnósticos, em grande parte, em queixas orgânicas.

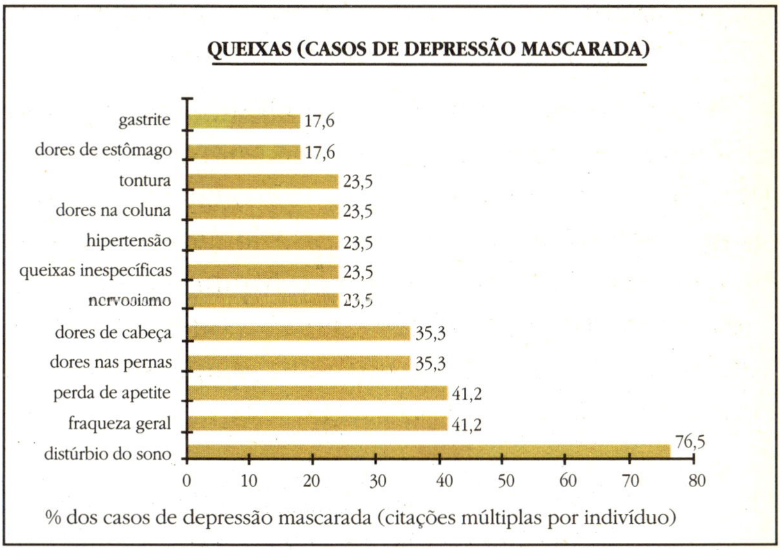
QUEIXAS (CASOS DE DEPRESSÃO MASCARADA)
gastrite 17,6
dores de estômago 17,6
tontura 23,5
dores na coluna 23,5
hipertensão 23,5
queixas inespecíficas 23,5
nervosismo 23,5
dores de cabeça 35,3
dores nas pernas 35,3
perda de apetite 41,2
fraqueza geral 41,2
distúrbio do sono 76,5
0 10 20 30 40 50 60 70 80
% dos casos de depressão mascarada (citações múltiplas por indivíduo)

## 3.15. Diagnósticos

Os diagnósticos fornecidos pelos médicos foram agrupados de acordo com o Código Internacional de Doenças.

A partir dos diagnósticos emitidos, pode-se inferir que a depressão mascarada foi pouco detectada, na medida em que apenas 11,8% desses casos referem-se a diagnósticos ligados ao grupo de **doenças do sistema nervoso e transtornos mentais**. Já nos casos de depressão manifesta, esses diagnósticos são um pouco mais freqüentes (31,8%), demonstrando que mesmo os casos de depressão manifesta foram pouco observados a nível diagnóstico.

Os diagnósticos mais freqüentes nos casos de depressão mascarada foram aqueles ligados às **doenças do aparelho circulatório** (41,2%).

Isso pode também estar ligado a um desvio, devido ao fato de os médicos dos quais foi retirada a amostra de pacientes possuírem especialização em cardiologia, além da formação de clínico geral. Os usuários do posto têm conhecimento disso, e provavelmente acabe ocorrendo uma triagem natural de pacientes com queixas do aparelho circulatório.

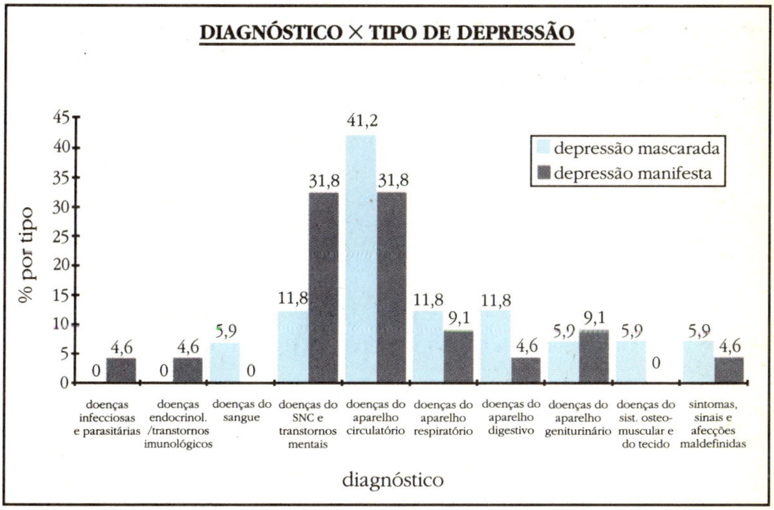
DIAGNÓSTICO × TIPO DE DEPRESSÃO
% por tipo
45
40
35
30
25
20
15
10
5
0
41,2
31,8
31,8
11,8
11,8
11,8
9,1
9,1
5,9
5,9
5,9
5,9
4,6
4,6
4,6
4,6
0
0
0
0
depressão mascarada
depressão manifesta
doenças infecciosas e parasitárias
doenças endocrinol. /transtornos imunológicos
doenças do sangue
doenças do SNC e transtornos mentais
doenças do aparelho circulatório
doenças do aparelho respiratório
doenças do aparelho digestivo
doenças do aparelho geniturinário
doenças do sist. osteo-muscular e do tecido
sintomas, sinais e afecções maldefinidas
diagnóstico

## 3.16. CONDUTA

As condutas foram classificadas em quatro categorias: **tratamento clínico**, **pedidos de exame médico**, **encaminhamento para outras especialidades clínicas** e **encaminhamento para saúde mental**.

Confirma-se, aqui, a pouca atenção dada à problemática depressiva e a ênfase dada aos aspectos somáticos, uma vez que apenas 5,8% dos casos de depressão mascarada foram encaminhados formalmente para saúde mental, contra 76,5% de condutas baseadas em tratamentos clínicos.

Nos casos de depressão manifesta, o encaminhamento para saúde mental é mais elevado (19,1%), enquanto 57,1% das condutas estão voltadas para tratamento clínico.

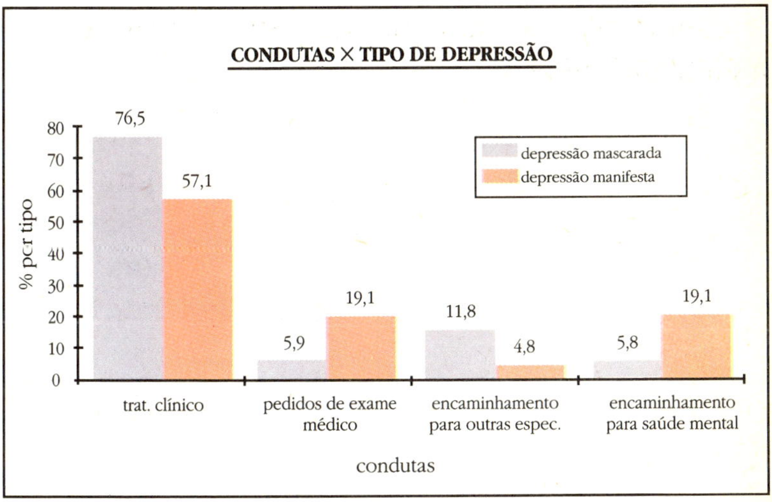
CONDUTAS × TIPO DE DEPRESSÃO
% por tipo
80
70
60
50
40
30
20
10
0
76,5
57,1
5,9
19,1
11,8
4,8
5,8
19,1
depressão mascarada
depressão manifesta
trat. clínico
pedidos de exame médico
encaminhamento para outras espec.
encaminhamento para saúde mental
condutas

## V. Conclusão

Essa pesquisa demonstrou ser alta a incidência da depressão encontrada nos pacientes atendidos na clínica geral de um equipamento de saúde pública.

Isso pode estar ligado aos fatores socioeconômicos mais estressantes aos quais essa população encontra-se submetida.

A porcentagem observada foi de 35% dentre os 100 casos observados, sendo que 19% eram casos de depressão manifesta e 17% de depressão mascarada.

Os diagnósticos e condutas emitidos pelos médicos, entretanto, não refletiram essa situação.

No caso das depressões manifestas, 31,8% dos diagnósticos médicos estavam ligados ao grupo das doenças do SNC e transtornos mentais (indicando uma possível detecção da doença), enquanto entre os casos de depressão mascarada esse índice caiu para 11,8%.

As condutas emitidas pelos médicos também confirmaram a pouca atenção dada à problemática depressiva: apenas 19,1% dos casos de depressão manifesta e 5,8% dos casos de depressão mascarada foram encaminhados formalmente para tratamento em saúde mental.

Os sintomas somáticos por meio dos quais a depressão mascarada se apresenta, de fato, parecem dificultar uma melhor precisão diagnóstica por parte dos médicos, entretanto, nem mesmo a depressão manifesta em que estão evidentes os sintomas de alteração do humor foi bem diagnosticada.

Esses dados sugerem que os médicos estão pouco sensíveis aos aspectos psíquicos, muitas vezes associados a diferentes patologias orgânicas, dando maior ênfase aos aspectos exclusivamente somáticos.

No caso da depressão mascarada, o índice dos diagnósticos médicos é tão baixo que se pode levantar a hipótese de um desconhecimento da própria patologia.

Não há intenção de emitir nenhum juízo de valor a respeito dos médicos, na medida em que estes estão submetidos a condições de trabalho no sistema de saúde pública reconhecidamente desfavoráveis a um maior envolvimento com os pacientes, resultando em consultas rápidas e anamneses muitas vezes incompletas.

Este trabalho pretendeu, portanto, apenas alertar os profissionais médicos sobre o elevado número de casos depressivos na clínica médica e reafirmar a importância do seu papel, especialmente no diagnóstico da depressão mascarada, na medida em que eles são os primeiros a serem procurados por esses pacientes.

Nesse sentido, mostra-se de grande valor qualquer iniciativa que proponha uma troca entre clínicos e profissionais de saúde mental com o objetivo de divulgação e maior capacitação do corpo médico relativo ao reconhecimento da depressão mascarada, a sua forma, aos critérios diagnósticos diferenciais e ao tratamento mais adequado.

# VI. Referências Bibliográficas


(1) Ph Duizabo. Les dépressions masqués en pratique quotidienne: du dépistage à la thérapeutique – *Journal de Psychiatrie biologique e thérapeutique* – Numéro Spécial. Communications du Symposium sur "La dépression en pratique quotidienne, nouvelle orientation diagnostique e thérapeutique". Rio de Janeiro, 19 de abril de 1985.

(2) *Jornal Brasileiro de Medicina* – Edição Suplementar – Março de 1978. XIII Congresso Nacional de Neurologia, Psiquiatria e Higiene Mental. Curitiba, 1977.

(3) MARTI, Rosa. *Contribuição ao estudo da depressão* – Instituto Metodista de Ensino Superior. São Paulo, 1989.

(4) FERRERI, M. e RUFIN, J.C. – Une nouvelle approche pour le praticien: le Hard, ses implications diagnostiques et thérapeutiques – *Journal de Psychiatrie biologique e thérapeutique* – Numéro Spécial. Communications du Symposium sur "La dépression en pratique quotidienne, nouvelle orientation diagnostique e thérapeutique". Rio de Janeiro, 19 de abril de 1985.

(5) SCHULTE, W e TÖLLE, R. *Manual de Psiquiatria* – E.P.U. – Springer. São Paulo, 1981.

(6) KIELHOLZ, P. (Ed.) – *Masked Depression*, p. 218-225 – Hans Huber Publishers, Bern Stuttgart. Vienna.

(7) KIELHOLZ, – P. Psychosomatic aspects of depressive illness – *Masked depression and somatic equivalents.*

(8) IBOR ALINO, J. J. LOPEZ – *Las Depresiones: Progresos en su diagnóstico y tratamiento.*

(9) IBOR ALINO, J. J. LOPEZ – *Equivalentes Depressivos* – Clínica Psiquiátrica, Universidade de Madri, Espanha.

(10) Assuntos abordados no Curso de Psicossomática do Instituto de Psicossomática de São Paulo, ministrado pelos Professores HELLADIO FRANCISCO CAPISANO E LUIZ MILLER DE PAIVA.

# ANEXO 1

# Diagrama HARD

# DIAGRAMA HARD

Nome: ______________________________

Data: ____/____/____

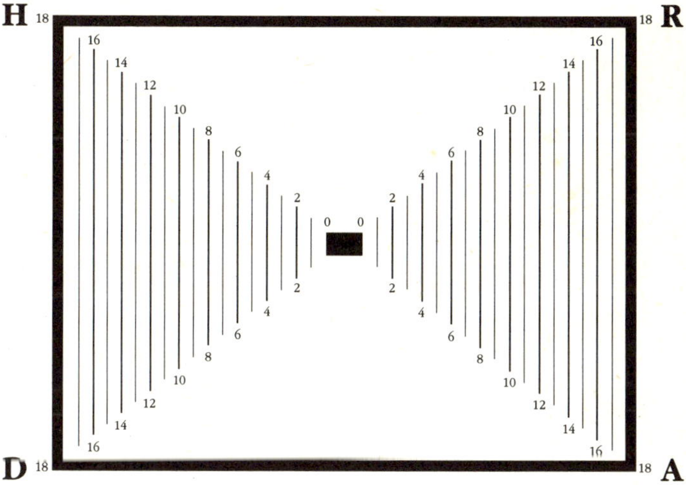

# Humor

## Tristeza

- ☐ **0** Ausência.
- ☐ **1**
- ☐ **2** Mostra-se desencorajado, procura apoio.
- ☐ **3**
- ☐ **4** Pessimismo expresso espontaneamente ou quando interrogado. Tristeza observada (pela expressão facial, a atitude, a voz, a tendência para chorar).
- ☐ **5**
- ☐ **6** Sentimentos profundos de desespero expressos verbalmente ou através do comportamento.

## Desinteresse

- ☐ **0** Interesse habitual pelo mundo que o rodeia e pelos outros.
- ☐ **1**
- ☐ **2** Perda dos prazeres habituais.
- ☐ **3**
- ☐ **4** Perda de interesse pelo próximo: ausência de interesse pelo mundo que o rodeia.
- ☐ **5**
- ☐ **6** Dominado por preocupações pessimistas. Anestesia afetiva: "já nada me emociona".

## Apetite

- ☐ **0** Normal.
- ☐ **1**
- ☐ **2** Ligeiramente diminuído.
- ☐ **3**
- ☐ **4** Considera que os alimentos não têm gosto; alimenta-se com sacrifício.
- ☐ **5**
- ☐ **6** Só se alimenta se for obrigado a isso.

**Total H** |__|__|

# Ansiedade

## Ansiedade psíquica

☐ **0** Tranqüilo.
☐ **1**
☐ **2** Apreensivo.
☐ **3**
☐ **4** Sentimento permanente de tensão interior; sentimento de perigo iminente; crises ansiosas intermitentes.
☐ **5**
☐ **6** Ansiedade permanente intensa. Estado de pânico.

## Ansiedade somática

☐ **0** Ausente.
☐ **1**
☐ **2** Ligeira preocupação com o corpo, dispepsia; dores várias.
☐ **3**
☐ **4** Moderadas perturbações vasomotoras; extremidades frias; afrontamentos; sensação de aperto; sensação de falta de ar; dores de cabeça; náuseas; perturbações do trânsito intestinal; palpitações; bulimia.
☐ **5**
☐ **6** Angústia intensa. Estas perturbações tornam-se permanentes e incapacitantes.

## Insônia

☐ **0** Sono normal.
☐ **1**
☐ **2** Dificuldade em adormecer (insônia inicial).
☐ **3**
☐ **4** Despertar noturno freqüente. O sono encurtado (em pelo menos duas horas) é agitado, perturbado com pesadelos e não é reparador (insônia intermediária).
☐ **5**
☐ **6** Menos de três horas de sono em 24 horas. Despertar muito cedo, sem voltar a adormecer (insônia matinal regular).

**Total A** |__|__|

# L entificação (R)

## Astenia

- ☐ **0** Ausente.
- ☐ **1**
- ☐ **2** Dificuldade em tentar iniciar/efetuar quaisquer atividades (profissionais, escolares, domésticas). Astenia predominantemente matinal.
- ☐ **3**
- ☐ **4** Sentimento penoso de esforço para cumprir as atividades diárias. Sensação intermitente de bloqueio; sente-se esgotado.
- ☐ **5**
- ☐ **6** Lassidão extrema. Esgotamento permanente. Incapacidade para exercer qualquer atividade sem ser ajudado.

## Concentração

- ☐ **0** Não tem dificuldade em concentrar-se.
- ☐ **1**
- ☐ **2** A concentração e a memória obrigam a um esforço inabitual.
- ☐ **3**
- ☐ **4** Refere diminuição das capacidades intelectuais (atenção, concentração, memória) quando lê, conversa, faz contas, vê televisão.
- ☐ **5**
- ☐ **6** Perturbações que dificultam a entrevista. Dificuldade em compreender e memorizar uma informação mesmo simples.

## Comportamento

- ☐ **0** Não aparenta lentificação.
- ☐ **1**
- ☐ **2** Mímica, linguagem ou marcha mostram uma lentificação ligeira.
- ☐ **3**
- ☐ **4** Mímica, linguagem ou marcha mostram uma lentificação marcada.
- ☐ **5**
- ☐ **6** A lentificação dificulta a entrevista.

**Total L** |__|__|

# Perigo (D)

## Autodesvalorização

☐ **0** Ausente.
☐ **1**
☐ **2** Sentimentos de inferioridade no interrogatório revelam perda de auto-estima.
☐ **3**
☐ **4** Verbaliza idéias de autodesvalorização: "eu não valho nada, eu sou inferior".
☐ **5**
☐ **6** Idéias delirantes de autodesvalorização: "eu sou um lixo".

## Idéias suicidas

☐ **0** Não tem.
☐ **1**
☐ **2** Interroga-se sobre o interesse em continuar a viver.
☐ **3**
☐ **4** "Idéias negras". O suicídio é referido como uma solução se o tratamento não apresentar resultado.
☐ **5**
☐ **6** Intenções suicidas evidentes. Tentativa de suicídio recente.

## Idéias delirantes (de culpabilidade, hipocondríacas, persecutórias)

☐ **0** Não tem.
☐ **1**
☐ **2** Distorção da realidade; vê tudo "negro".
☐ **3**
☐ **4** Visão perturbada dominada pela desconfiança, o drama, a perda de esperança.
☐ **5**
☐ **6** Auto-acusação declarada. Idéias delirantes de indignidade, de incurabilidade: hipocondria, ruína, perseguição. Alucinações ameaçadoras.

**Total P** |__|__|

**Total H + A + L + P =** |__|__|

# ANEXO 2

# O Instrumento de Coleta Utilizado

# ROTEIRO DE AVALIAÇÃO HARD

n. quest.:

DADOS PESSOAIS

| | | | | | | | | |
|---|---|---|---|---|---|---|---|---|
| nome: | | | | | | | | |
| matrícula: | | telefone: | | | data: | / / | | |
| endereço: | | | | | | | | |
| | | | cidade: | | | Estado: | | |
| sexo: | masculino 1 | | feminino 2 | | | idade: | | |
| est. civil: | solteiro 1 | casado/amasiado 2 | viúvo 3 | separad.4 | | | | |
| ocupação: | | | | | aposent.: | sim - 1 | não - 2 | |

Com quem mora no domicílio? Quem é o chefe da família? chefe código:

| | marido 1 | esposa 2 | pais/sogros 3 | | filhos 4 | irmão 5 | paren./agreg. 6 outros 7 | | TOTAL |
|---|---|---|---|---|---|---|---|---|---|
| n. pessoas: | | | | | | | | | |
| renda familiar: | 1 | 2 | 3 | 4 | 5 | 6 | 7 | R$ | |

O QUE TE TROUXE A PROCURAR O SERVIÇO DE SAÚDE HOJE? ____________

____________

____________

HÁ QUANTO TEMPO VEM APRESENTANDO ESTE SINTOMA? ____________

____________

____________

JÁ TEVE ESTE PROBLEMA ANTES? ____________

QUANDO FOI A 1ª VEZ? ____________

OCORRERAM OUTRAS VEZES? ____________

QUAL FREQÜÊNCIA E DURAÇÃO? ____________

____________

DIAGNÓSTICO:

CONDUTA:

QUEIXAS SOMÁTICAS:

____________

## QUESTÕES SOMÁTICAS

*De modo geral, como é sua saúde? Tem preocupação excessiva com o corpo?*
(Aprofundar questões.)

| *FEZ ALGUMA CIRURGIA?<br>*COMO SE RECUPEROU? | menopausa<br>sim não |
|---|---|

*TEVE ALGUM PROBLEMA MENTAL? QUAL? (incluir alcoolismo, dependência a drogas, etc.)

*FEZ ALGUM TRATAMENTO PSIQUIÁTRICO OU PSICOLÓGICO? QUAL?
(terapia, medicação, internação) – freqüência e duração

sim não

*ALGUÉM DA FAMÍLIA JÁ TEVE PROBLEMAS MENTAIS? QUAL?

## ANSIEDADE

### A2 – Ansiedade somática

**0** - Ausência.
**1**
**2** - Ligeira preocupação com o corpo, dispepsia, dores várias.
**3**
**4** - Moderadas perturbações vasomotoras: extremidades frias, afrontamentos, sensação de aperto, sensação de falta de ar, dores de cabeça, náuseas, perturbações do trânsito intestinal, palpitações, bulimia.
**5**
**6** - Angústia intensa: estas perturbações tornam-se permanentes e incapacitantes.

---

### H3 – Apetite

**0** - Normal.
**1**
**2** - Ligeiramente diminuído.
**3**
**4** - Considera que os alimentos não têm gosto; alimenta-se com sacrifício.
**5**
**6** - Só se alimenta se for obrigado a isso.

---

### A3 – Sono

**0** - Normal.
**1**
**2** - Dificuldade em adormecer (insônia inicial).
**3**
**4** - Despertar noturno freqüente. O sono encurtado (em pelo menos duas horas) é agitado, perturbado, com pesadelos e não é reparador (insônia intermediária).
**5**
**6** - Menos de três horas de sono em 24 horas. Despertar muito cedo, sem voltar a adormecer (insônia matinal regular).

---

TOTAL 1

A2+H3+A3

*Fora os problemas de saúde, como você se sente? Como está sua vida?*
*Como é seu dia-a-dia? O que tem feito? Gosta do que faz?*
*O que faz como divertimento?*
*Como está o seu relacionamento familiar, amigos, namoro?*
*Como está sua vida afetiva/sexual?*

**VOCÊ FREQÜENTA ALGUM GRUPO SOCIAL (igreja, clube, escola, etc.)? QUAL?

**anotações**

**Teve alguma perda ou alterações significativas na vida (luto pesaroso)?

## HUMOR

A1 – Ansiedade psíquica [ ]

**0** - Ausência.
**1**
**2** - Apreensivo.
**3**
**4** - Sentimento permanente de tensão interior; sentimento de perigo iminente; crises ansiosas intermitentes.
**5**
**6** - Ansiedade permanente intensa; estado de pânico.

---

H1 – Tristeza [ ]

**0** - Ausência.
**1**
**2** - Mostra-se desencorajado; procura apoio.
**3**
**4** - Pessimismo expresso espontaneamente ou quando interrogado. Tristeza observada (pela expressão facial, a atitude, a voz, a tendência para chorar).
**5**
**6** - Sentimentos profundos de desespero expressos verbalmente ou através do comportamento.

---

H2 – Desinteresse [ ]

**0** - Interesse habitual pelo mundo que o rodeia e pelos outros.
**1**
**2** - Perda de prazeres habituais.
**3**
**4** - Perda de interesse pelo próximo, ausência de interesse pelo mundo que o rodeia.
**5**
**6** - Dominado por preocupações pessimistas. Anestesia afetiva: "nada mais me emociona".

---

A1+H1+H2 [TOTAL 2]

## LENTIFICAÇÃO

### L1 – Astenia

**0** - Ausente.
**1**
**2** - Dificuldade em tentar iniciar/efetuar quaisquer atividades (profissionais, escolares, domésticas). Astenia predominantemente matinal.
**3**
**4** - Sentimento penoso de esforço para cumprir as atividades diárias. Sensação intermitente de bloqueio, sentir-se esgotado.
**5**
**6** - Lassidão extrema. Esgotamento permanente. Incapacidade para exercer qualquer atividade sem ser ajudado.

---

### L2 – Concentração

**0** - Não tem dificuldade em concentrar-se.
**1**
**2** - A concentração e a memória obrigam-no a um esforço inabitual.
**3**
**4** - Refere-se à diminuição das capacidades intelectuais (atenção, concentração, memória), quando lê, conversa, faz contas, vê televisão.
**5**
**6** - Perturbações que dificultam a entrevista, dificuldade em compreender e memorizar uma informação mesmo simples.

---

### L3 – Comportamento

**0** - Não aparenta lentificação.
**1**
**2** - Mímica, linguagem ou marcha mostram uma lentificação ligeira.
**3**
**4** - Mímica, linguagem ou marcha mostram uma lentificação marcada.
**5**
**6** - A lentificação dificulta a entrevista.

---

L1+L2+L3 TOTAL 3

PERIGO (Danger)

*Como você se vê?*

P1 – Autodesvalorização [ ]

**0** - Ausente.
**1**
**2** - Sentimento de inferioridade; no interrogatório revela perda de auto-estima.
**3**
**4** - Verbaliza idéias de autodesvalorização: "eu não valho nada, eu sou inferior".
**5**
**6** - Idéias delirantes de autodesvalorização: "eu sou um lixo".

---

*Alguma vez já pensou sobre morte?*

P2 – Idéias suicidas [ ]

**0** - Não tem.
**1**
**2** - Interroga-se sobre o interesse em continuar a viver.
**3**
**4** - "Idéias negras". O suicídio é referido como uma solução caso o tratamento não apresente resultado.
**5**
**6** - Intenções suicidas evidentes. Tentativa de suicídio recente.

---

*O que você acha do mundo? Das pessoas?*

P3 – Idéias delirantes [ ]

**0** - Não tem.
**1**
**2** - Distorção da realidade: vê tudo "negro".
**3**
**4** - Visão perturbada dominada pela desconfiança, o drama, a perda de esperança.
**5**
**6** - Auto acusação declarada. Idéias delirantes de indignidade, de incurabilidade, hipocondria, ruína, perseguição. Alucinações ameaçadoras.

---

P1+P2+P3 [ TOTAL 4 ]

TOTAL GERAL HARD:
T1+T2+T3+T4 = [ ]

FORMA HARD [ ] CLASSIFICAÇÃO [ ]

---

# FATORES DE PREDISPOSIÇÃO

## SINTOMAS MINIMAIS

| | | |
|---|---|---|
| SM1 | | falta de concentração |
| SM2 | | nervosismo |
| SM3 | | perda de interesses |
| SM4 | | alterações de vínculos externos |
| SM5 | | pessimismo sem motivo |
| SM6 | | cancerofobia |

| | | SIM - 1 | NÃO - 2 |
|---|---|---|---|
| SINTOMAS MINIMAIS | FP1 | | |
| FATORES HEREDITÁRIOS | FP2 | | |
| PERIODIC./ALTERNÂNCIA SINT. FUNC. DEPRES. | FP3 | | |
| PERDAS SIGNIFICATIVAS/LUTO PESAROSO | FP4 | | |
| REDES SOCIAIS E COMUNICAÇÃO DEFICIENTES | FP5 | | |
| CIRURGIAS COM RECUPERAÇÃO DIFÍCIL | FP6 | | |
| PROBLEMAS MENTAIS | FP7 | | |

PROBLEMAS MENTAIS - QUAIS?

PM1 ☐ PM2 ☐

| | | | |
|---|---|---|---|
| MUDANÇAS DRÁSTICAS NA VIDA | FP8 | | |
| MENOPAUSA | FP9 | | |
| APOSENTADORIA | FP10 | | |

| | | | | | | |
|---|---|---|---|---|---|---|
| DIAGNÓSTICO | diag. 1 | | diag. 2 | | diag. 3 | |
| QUEIXAS | queixa 1 | | queixa 2 | | queixa 3 | |
| CONDUTA | conduta 1 | | conduta 2 | | conduta 3 | |

OBRA EXECUTADA NAS OFICINAS DO

**INSTITUTO BRASILEIRO DE EDIÇÕES PEDAGÓGICAS**
Rua Joli, 294 - Fone: 291-2355 (PABX) - CEP 03016-020
Caixa Postal 285 - São Paulo - Brasil